Memorias

Memorias

Magaly Eizmendiz

**PUBLICACIONES
LUNHABELLA**

Memorias

Primera edición, 2020

Composición y diseño:
Azucena Ordoñez Rodas

- Magaly Eizmendiz, 2020
- Publicaciones Lunhabella, 2020

ISBN: 978-1-79482-681-6

Miami, Florida, USA
www.publicacioneslunhabella

" Hay un solo niño bello en el mundo.
Y cada madre lo tiene"

José Martí

Memorias

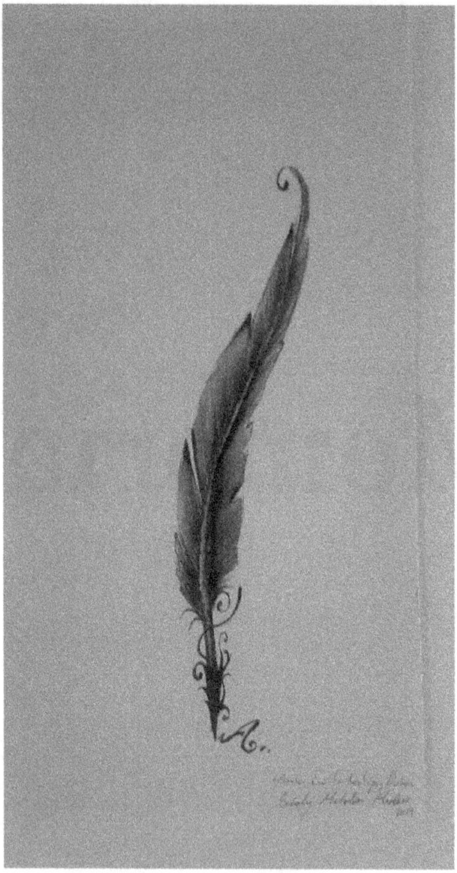

A MANERA DE PROLOGO

Versos llenos de amor y de dolor es lo que nos ofrece hoy como un homenaje póstumo al amado hijo que se ha ido, la poeta Magaly Eizmendiz, en un brevísimo poemario titulado MEMORIAS, conformado por dieciocho poemas como girones arrancados del alma con el más profundo dolor de una madre que siente la ausencia de su primogénito perdido.

Con la dulzura natural de una madre que arrulla la cuna de su hijo, con las caricias maternales de esa mano sabía que conduce sus primeros pasos en la vida, con los mejores consejos que moldean, forman, tallan y esculpen el carácter y la ética del hijo amado, brotan del alma las palabras llenas de sentimiento y dolor de la madre recordando la infancia del hijo.

Puro amor y dolor, recuerdos que laceran, tal como ella misma dice, es este libro lleno del más profundo sentimiento, un hermoso homenaje al ser que más se ama en la vida y al que nunca se olvida, aún más allá de su paso a otra esfera o dimensión.

Recuerdos dimensionados en versos transidos de emoción ante la memoria dolorosa de la pérdida irreparable del hijo amado conforman este cuaderno poético donde la luz del verso toma protagonismo único e imperecedero en rima consonante de versos octosílabos que hace de la lectura un deleite de musicalidad.

Mis respetos ante el dolor que sin aceptación y con la triste conformidad de la obligada ausencia la madre heroica en su yo profundo nos ofrece la belleza de su alma.

Lic. Mercedes Eleine González
Especialista literaria.

PREAMBULO

Este humilde poemario lo dedico a Roger, mi adorado hijo, quien tristemente ha cumplido su término de vida.

Está escrito con lágrimas, con amor y sencillas palabras de añoranza y tristeza, aceptando su ausencia.

Evocaré su imagen, escribiré mil versos, recordaré sus ojos, su sonrisa, su voz; donde quiera que estés, mi amor irá contigo.

Volveremos a vernos, el paso de la muerte no tiene pautas fijas, estaré contigo al término de vida, del espacio o tiempo indefinido; será un proceso largo que habremos vivido; no te olvido hijo mío, el amor no muere, ni existen distancias en el místico ensueño.

¡Siempre estoy contigo!

Magaly Eizmendiz
Mamá

MAGALY EIZMENDIZ

UNA MADRE NO ES COSA CUALQUIERA

Una madre no es cualquiera cosa,
que pueda olvidarse fácil.
El único ser que espera
Y acuna cuando eres frágil.

Escucha cuánto le digas,
se aguanta cuando le fallas.
Lista a recoger tus migas
por donde quiera que vayas.

Te cuida día tras día
sin preguntar como pagas.
Y si con otros perdías
con ella tú siempre ganas.

Saca el sol entre la lluvia,
calla tristezas del alma.
Y cuando le traes espinas
las arranca con sus lágrimas.

Por nueve meses te siente
desde su vientre te carga.
Su amor siempre está latente.
"Sin importar lo que hagas"

MAGALY EIZMENDIZ

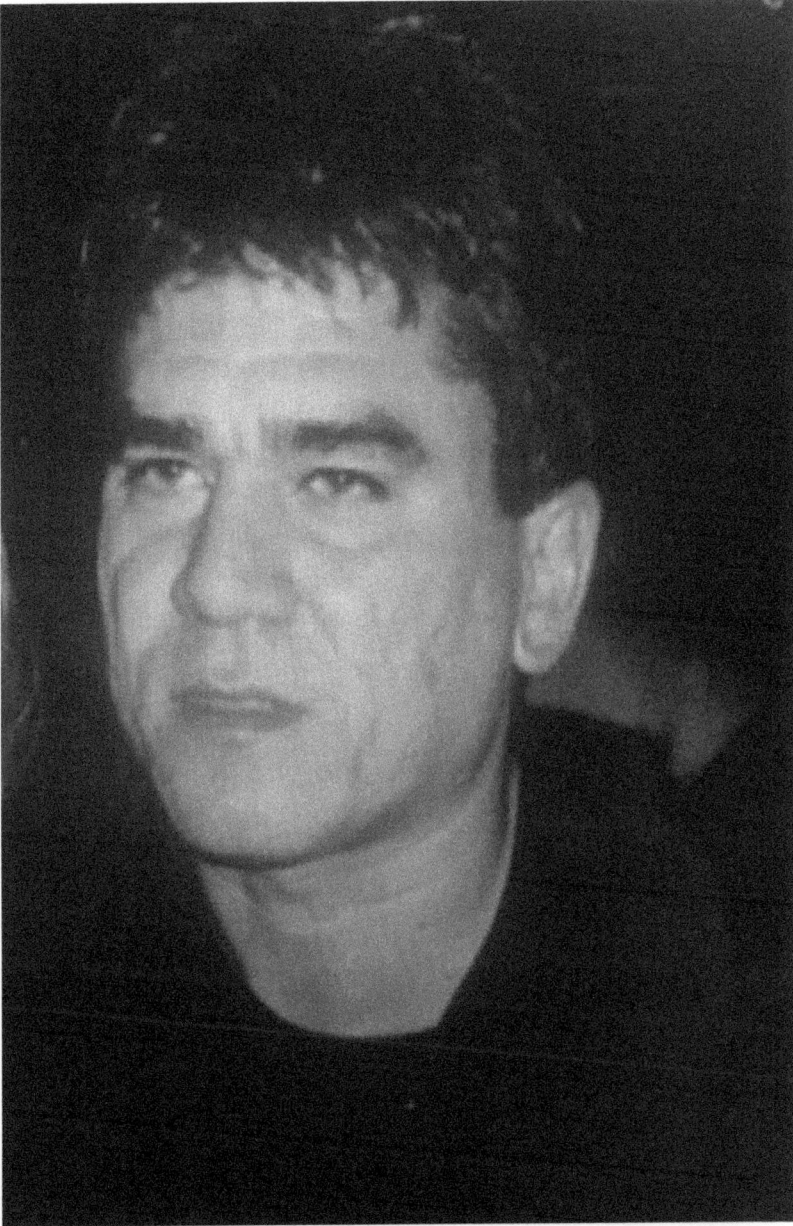

MAGALY EIZMENDIZ

A TI, HIJO

Siento el enorme vacío
que has dejado, hijo mío.
El consuelo lo he perdido,
me duele que te hayas ido.

Mis palabras ya se pierden
y los brazos no me alcanzan.
Mis ojos ya no te ven
y mis sueños no te abrazan.

Sólo quedan las memorias
y el baúl de los recuerdos,
todo repleto de historias
que volaron en el viento.

MAGALY EIZMENDIZ

CAMPOSANTO

Camposanto que florece
con la tristeza del alma,
humedeciendo la tierra
vuelan pétalos de rosas
con su exquisita fragancia.

La noche engendra misterio
y en el austero silencio
se suma mi soledad.
Hay un camino de luz
reposo eterno de paz.

Si el destino lo quisiera
del minuto, cada instante,
Yo querría compartir
un dolor que no libera
el luto que toca al alma.

Sombras ahogadas en penas
en la oscuridad del sueño
las parcas toman tu mano
Y van guiándote al viaje
un centenar de estrellas.

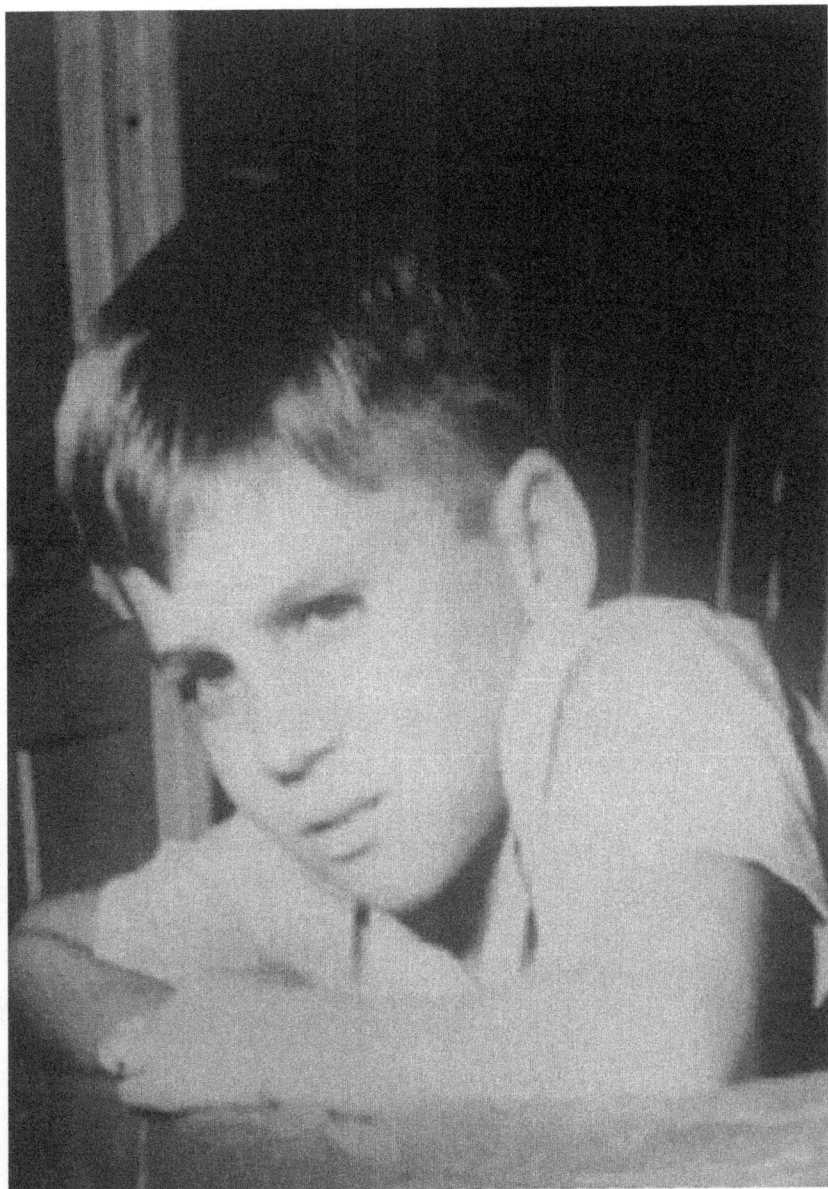

MAGALY EIZMENDIZ

CÓMO CORRIERON LOS AÑOS

Cómo corrieron los años,
con todas tus travesuras.
Te vi crecer a tu antojo
y entre tu risa y enojo
me envolvía en tus locuras.

Cuántas veces platicamos.
Tantas otras discutimos,
pero al final de los días
de todo nos olvidamos,
solo el amor nos unía.

Hoy me dejaste en la pena
con los restos de amarguras.
Te has ido sin despedida,
vas de vuelta a otras esferas
buscando la luz que auguras.

Solo quiero cuando llegues
que se acaben los lamentos.
Mires abajo un momento
y en mi rostro habrás notado,
¡Un mundo de desconcierto!

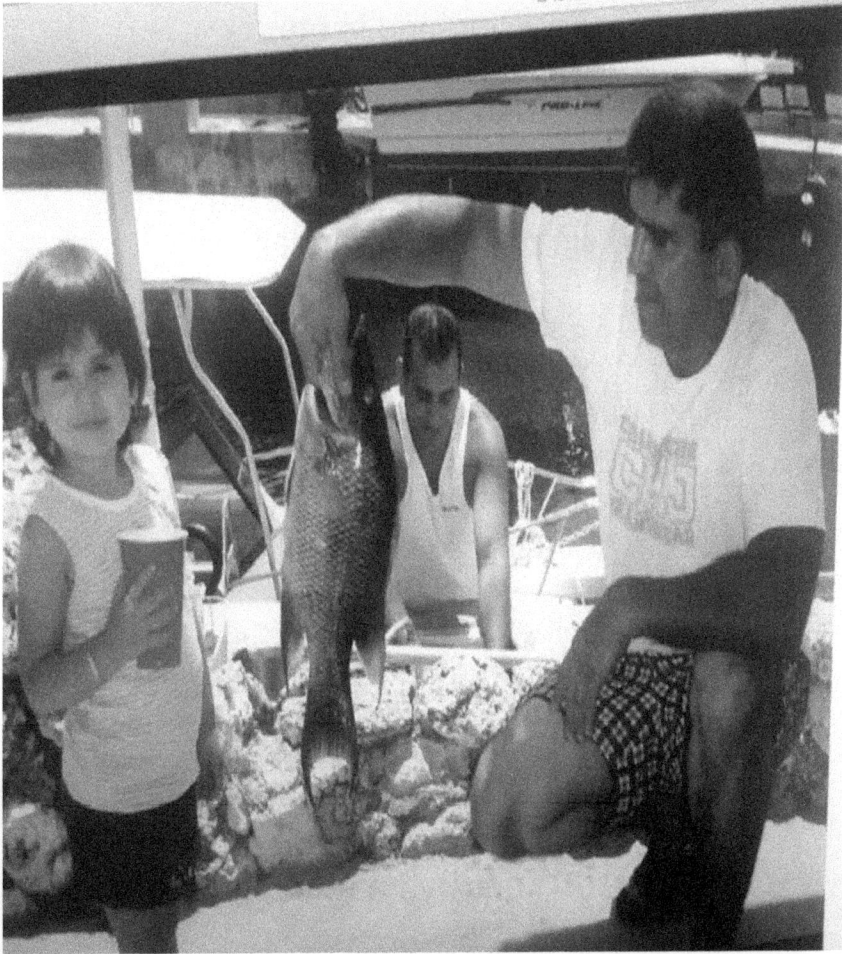

ESTÁ LLORANDO LA MAR

Está llorando la mar.
Y cada gota que cae
va corriendo tras la arena,
como queriendo arrojar
un dolor que se acrecienta
sin poderse controlar.

Está llorando la mar.
Y es tan grande la congoja
que el día se vuelve noche
y la noche tempestad.
Se apagaron las estrellas,
la luna no va a asomar.

Es tan profunda la pena
que el alma va a agonizar.
Está llorando la mar
y a la orilla se ha llevado.

A ese hijo tan amado,
¡Que nunca va a regresar!

MAGALY EIZMENDIZ

HIJO

Mi alma se ha hace pedazos,
y hasta mi voz enmudece,
que no lo puedo aceptar
te me has ido, hijo querido,
y no vas a regresar.

Tu ausencia ha dejado espacios
que no se pueden llenar.
Cuánto amor te quiero dar.
Muy pronto será mi alma
la que te irá a encontrar.

Te buscaré en la otra vida
allí, en la eternidad
quiero decirte hijo mío:
Espera, que en un ratico
yo te podré alcanzar.

Y entonces sí, hijo mío,
no nos podrán separar.
No habrá cuentos,
ni habrá historias
que no te pueda contar.

MAGALY EIZMENDIZ

MI CORAZÓN SE HIZO AÑICO

La transición de tu alma
no he podido asimilar.
Solo sé que tú te has ido
y el viaje se hizo tan largo
que no podrás regresar.

Es tan grande esta tristeza,
que no la puedo explicar.
No hay consuelo para ella.
Mis ojos ya casi mustios
no han cesado de llorar.

Me fui a tus primeros días
y los hermosos recuerdos
me volvieron a agobiar,
al ver en tus ojos verdes
una lágrima rodar.

Guardo un baúl de memorias
que nunca podré olvidar.
Solo me quedan tus fotos
y esa voz de pequeñito.
Que me llamaba, ¡mamá!

MAGALY EIZMENDIZ

ODA AL LLANTO

Llanto que deja espanto
por el golpe recibido.
El llanto de un desdichado
que está llorando a su hijo.

Mi silencio llora ausencia
de soledad y agonía.
Y mis párpados de cera
lloran de noche y de día.

Un llanto de desafío
que en silencio llora en vano.
Va corriendo hacia el vacío,
¡En busca de su rebaño!

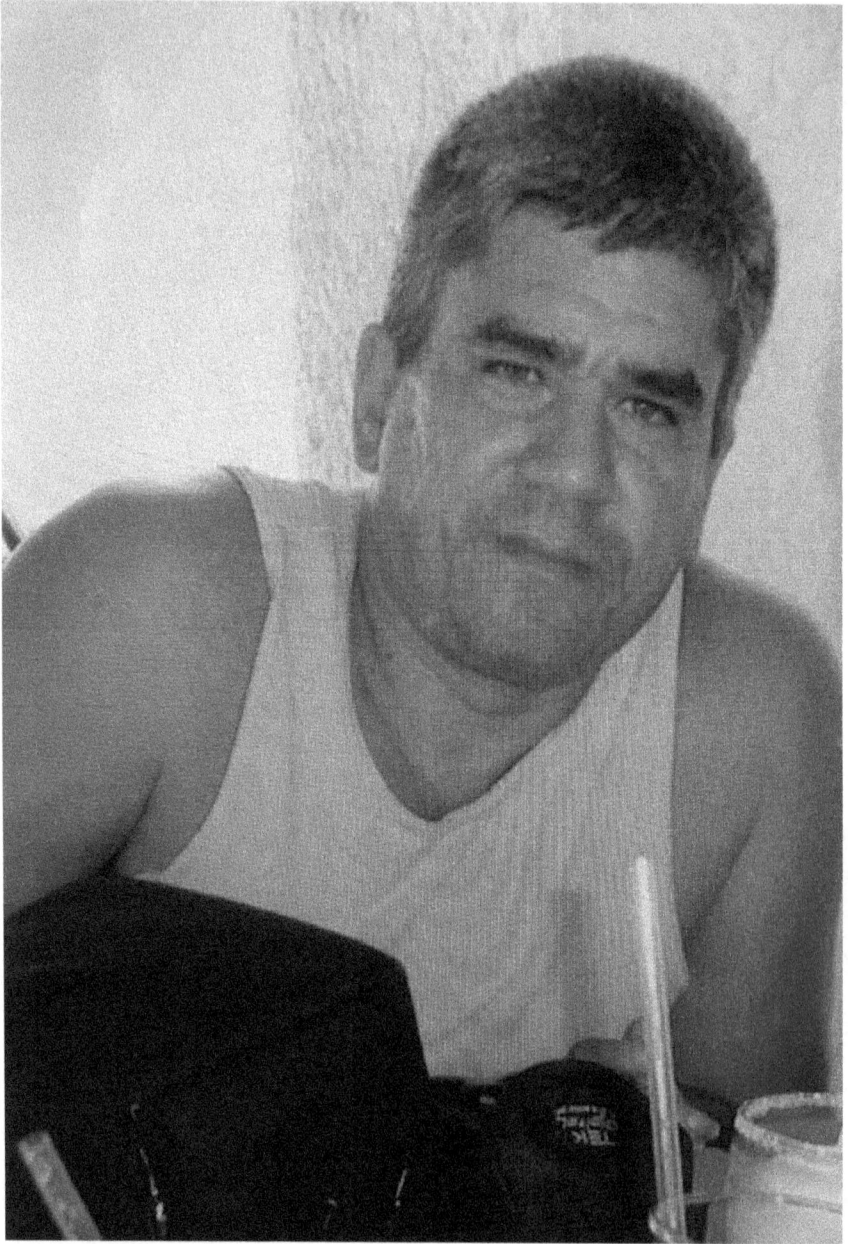

MAGALY EIZMENDIZ

ODA AL SILENCIO

Se escucha un silencio
donde no existe nada.
Tan solo un silencio
con su eco de llegada.
Espacios en el tiempo
ausencia de palabras.

Silencios prolongados
que llenan de esperanzas.
Silencios que enmudecen
en una noche larga.
Tan dueños del todo,
del tiempo y de la nada.

Silencios de silencios
que por la vida pasan.
Los silencios del amor
que hablan sin palabras.
El único silencio
que dice lo que calla.

Aciagos del destino
tan muda su palabra,
que en silencio te habla.
Silencioso sepulcro
que llora con el alma
y en suspenso te deja.
Así, ¡sin decir nada!

MAGALY EIZMENDIZ

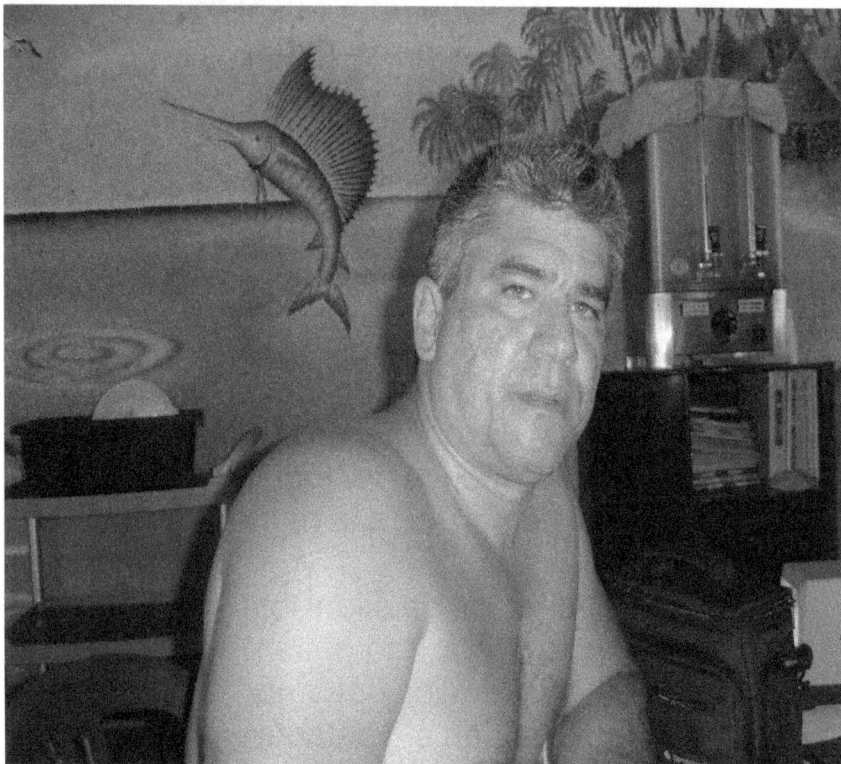

MAGALY EIZMENDIZ

¡PRIMER AMOR!

Primer amor, ese que esconde
la gota de miel más preciada,
como agua que cae sin relieve
con su voz al viento deslizada.
Amor sin edad, tan comedido,
con la pura inocencia de infancia.

No conoce esa noche del olvido,
está intacta su suave fragancia.
Idilio de una edad primaveral
que vive sin sombras ni desvelo.
Un rostro de niñez angelical
respira feliz bajo su velo.

Es amor puro, amor perfecto.
Sin evasiones cursilerías,
que no quiebran su intelecto
tan sutil y sin palabras frías.
Con esa ingenuidad latente,
juegan al Pan y Canela.

Brincan el pon impaciente,
hacen al aire piruetas.
Fiel amor resplandeciente.
Linda edad tan colorida.
Si Dios creó al inocente,
¡Que por siempre lo bendiga!

MAGALY EIZMENDIZ

QUERIDO HIJO MAYOR

Llegaste a mi vida en plena juventud.
Ilusionada porque eras el primero
te recibí con pañales tejidos,
ropones bordados
y una canastilla hecha de brocados.

Y junto a ti descubrí el mundo,
y como tu fui un aprendiz.
Enrolada como niña en tus juegos
disfruté de todas tus locuras
y reía con tus travesuras.

Pasaron Reyes y cumpleaños
y con gozo apreciabas los regalos.
¡Eras feliz entre aquellas cosas!
La vida se hacía divertida
celebrando otro año de vida.

Pero llega la vejez, y todo cambia
y los años se tiñen de arrogancia.
Dejamos la niñez en el olvido
y buscando nuevos acertijos
se separan los padres y los hijos.

Por eso quiero en este día
disfrutar de ese amor latente.
Reclamando aquel tiempo ausente.
Feliz cumpleaños, siempre soy mamá
¡No quiero que olvides, esos días jamás!

MAGALY EIZMENDIZ

MAGALY EIZMENDIZ

TIEMPO

Tiempo, astro que ciega
y en el silencio sofoca,
dejando el raudo sonido
de una lágrima que brota.

Un mar en mi pecho abraza
cuando la noche se escurre.
Y mis ojos tan cansados
de llanto solo se nutren.

Yo te llevaré conmigo
en un suspiro invisible
y morirán las mañanas
donde el silencio reside.

Palabras flotan al aire
buscando alguna respuesta
se va desgarrando el alma,
mi mundo se vuelve piedra.

A tu ausencia me someto,
que me escuece sin reparo
para hacerte recordar:
¡Que eres mi hijo adorado!

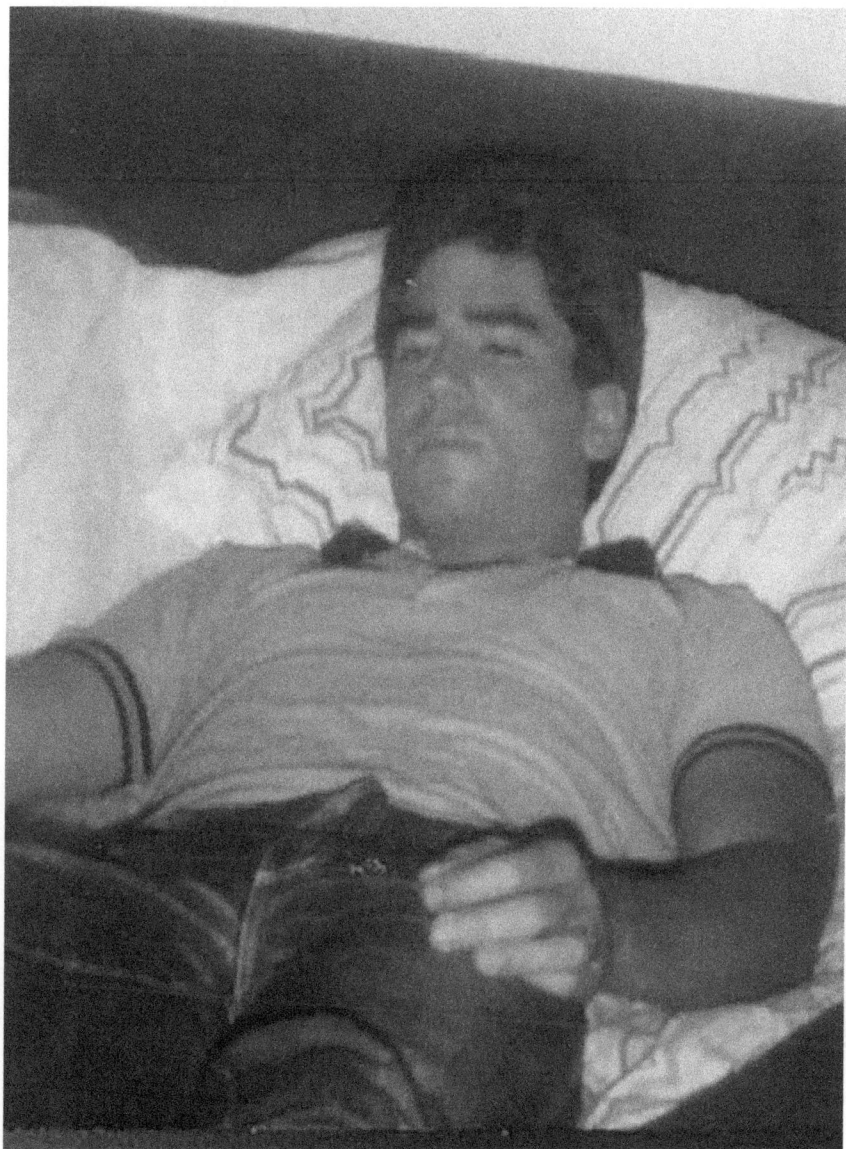

TÚ, EL PRIMERO

Radiante de amor y fantasía
con esa ilusión que nos complace,
en mis sueños de mujer quería
esperar al primogénito que nace.

Como era mi primera criatura
la emoción se hizo latente.
Lo abracé con gran ternura
y cuidé amorosamente.

Estuve en su primera sonrisa.
También en sus primeros pasos.
Mirándolo crecer de prisa
le protegí entre mis brazos.

En sus continuas caídas,
gozando el primer juguete.
Sus conquistas y salidas
al sentirse un mozalbete.

Le eduqué con arduo empeño.
Le enseñé cosas del mundo,
le animé a lograr su sueño.
Quería un éxito rotundo.

Hijo, para ti es mi poema.
Tú fuiste el sol de mi vida
y con ese amor que quema.
¡Yo te quise dar la vida!

MAGALY EIZMENDIZ

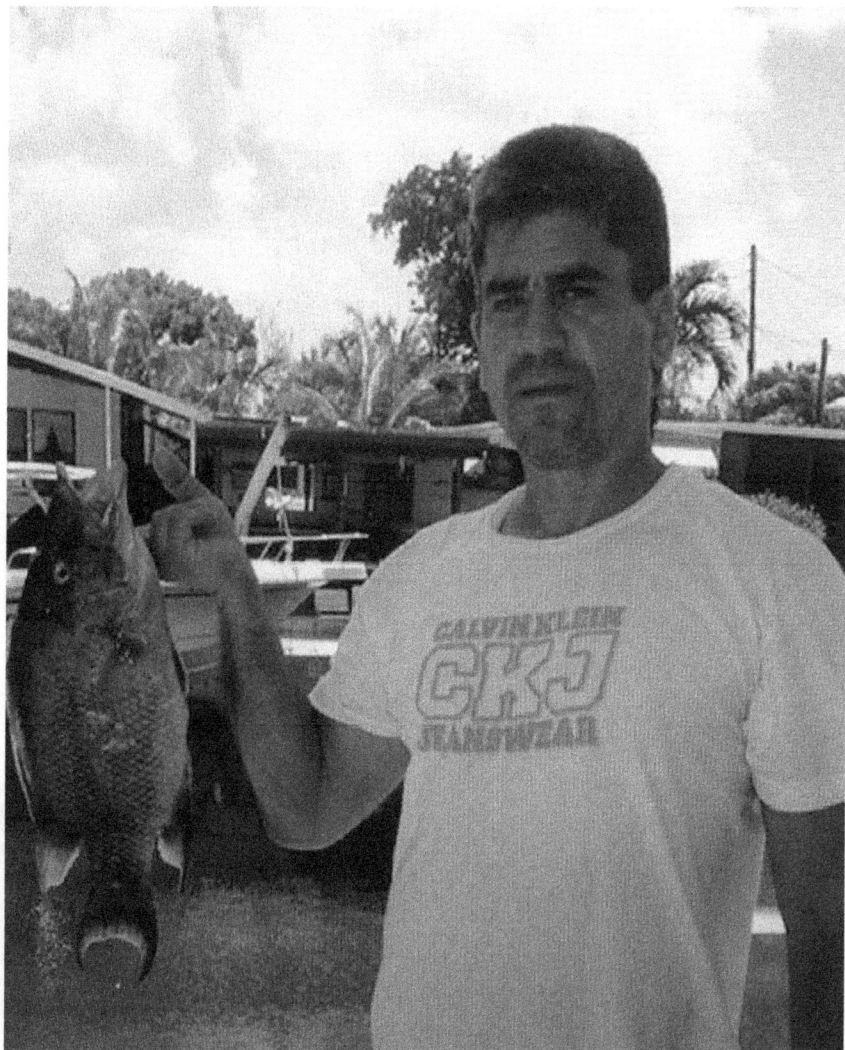

MAGALY EIZMENDIZ

VIDA

Tan solo te has vuelto polvo,
yace tu cuerpo en el suelo
tus huesos arden al fuego
y el alma se eleva al cielo.

Cuánto te quiero y te sueño,
no soy la madre de hierro.
Yo te hablo en el silencio
la soledad es misterio.

Siento mi vientre vacío,
eres un mar en mi pecho.
Mis ojos están sombríos.
¡Mi mal no tiene remedio!

MAGALY EIZMENDIZ

YO QUIERO

Es posible morir
en noches alunadas
y que los pensamientos
lloren las madrugadas.

Sentir la soledad
entrar por la ventana
y ver como el recuerdo
se aferra a la nada.

En un suspiro lento
los sueños se me escapan,
se hunden al silencio
sellando las palabras.

Se van volando lejos,
con lágrimas saladas
buscando se detenga
la pena que me embriaga.

Yo quiero imaginar
que el amor tiene alas
para poder llegar
al halo de tu alma.

Yo quiero desatar
los nudos que te atan
y horas de desvelo
anuncien tu llegada.

MAGALY EIZMENDIZ

Y bajo el raudo vuelo
del aire que se cierna
que sea mi condena
sentir, ¡Que tú me amas!

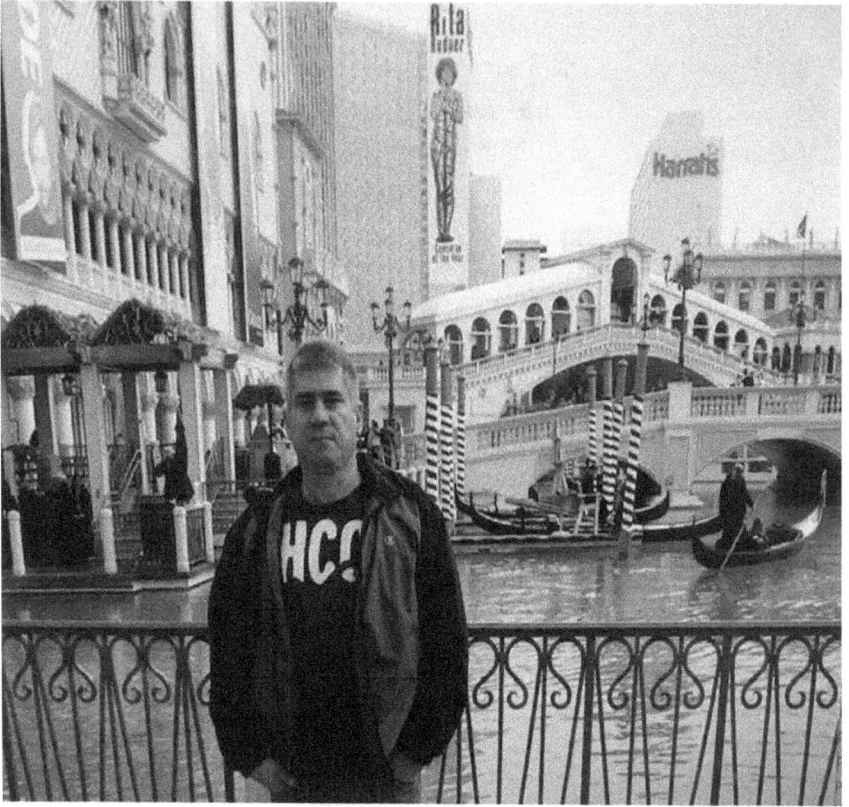

MAGALY EIZMENDIZ

Y SE ROMPEN EN FRAGMENTOS

En mis ojos duerme el miedo
y en el alma su dolor.
La ansiedad me llega al cielo
y mi llanto es un clamor.

Los insomnios que me aquejan
van pasando sin control.
Lloran las madrugadas
lacerando el corazón.

En el tiempo de las sombras
se marchitan como flor
y con ella versos tristes
están mustios, sin color.

Y se rompen en fragmentos
abrazando lo vivido,
del amor más dulce y bello,
de ese hijo que he perdido.

CÓMO TE EXTRAÑO

Quisiera ser como el viento
y flotar y flotar.
Soy una hoja desecha
sin rumbo para volar.

Quiero que vuelvan los años
donde yo te vi nacer
con esa sonrisa tierna
que florecía en tu ser.

Que regresen esas horas
de cuidados y desvelos.
La inocencia y alegría
de esos ojos tan serenos.

A ver si de alguna forma
puedo encontrar el consuelo.
Siento mis alas quebradas
rotas y llenas de sueños.

Y mis piernas tan pesadas
me limitan el andar.
El no verte me hace daño,
¡Quisiera verte llegar!

Y HAGO UN BRINDIS

Alzo mis ojos ante el oscuro cielo
en la quietud de noches sin respuestas,
Tratando de encontrar alguna estrella
que me abra esas puertas tan secretas.

Por las derrotas y esperanzas perdidas,
por el silencio que carga algún suspiro.
Por el luto y lecciones aprendidas,
por la experiencia de todo lo vivido.

Por ese llanto cayendo como lluvia
que no se duerme llorando a la muerte.
Por el dolor que estremece a mi ser
donde me abraza la luz de la existencia.

Donde guarda la carne los recuerdos
con las heridas que no cura el tiempo.
Cuando pretendo penetrar en tu mundo
y van mis ojos buscándote a lo lejos.

Por el tributo al milagro de una vida.
Por ese amor tan tierno y sobrehumano.
Amo la sombra de tu amor lejano
y aprenderé a vivir, si aún hay tiempo.

Aquí, donde conformo mis poesías,
donde palpita un corazón deshecho
ceñida a voluntad del Dios del cielo.
¡Un brindis por el año que comienza!

MAGALY EIZMENDIZ

BIOGRAFÍA:

Magaly Eizmendiz, de origen cubano, nació y cursó sus primeros estudios en la ciudad de Santiago de Cuba, Cuba. Se gradúa de profesora de Piano a los catorce años con excelencia y Mención de Honor en el Conservatorio Provincial de Música Dulce María Serret. Estudió en la Escuela Profesional de Comercio. Al llegar a Miami, Florida, se graduó en Computer Business Application.

Es una soñadora y romántica mujer que descubrió a través de la pluma su vocación por la poesía. A la edad de trece años escribe sus primeras y sencillas estrofas donde comenzó a tener consciencia de los elementos expresivos de la literatura.

Ella expone todo su sentir tratando de glorificar al amor en toda su magnitud. Es miembro de la Sociedad de Poetas y Escritores, dirigida por la Sra. Azalea Carrillo; de Eliluc Luz del Corazón y la Sra. Mery Larrinua y de la Academia Norteamericana Literatura Moderna. Ha participado en concursos con poemas y cuentos de su propia inspiración y ha sido ganadora de varios premios literarios.

INDICE

ALGUNOS TITULOS DE PUBLICACIONES LUNHABELLA

El Secreto de Carolinne
de Azucena Ordoñez Rodas
La Dama del piano azul
de Gioconda Carralero
Al payaso Tripita se le perdió la nariz
de Carlos Breton
Tardío Elogio a German Pinelli
de Flor Nodal
Íntimamente poesía
de Rafael Robledo Ruiz
Sensaciones al desnudo
de Miriam de la Vega
Nuevas Aventuras de Naye
de Gioconda Carralero
Five Senses-Cinco Sentidos
de María Perry
Antonela y la estrella del amor
de Azucena Ordoñez Rodas
Música en el corazón
de Azucena Ordoñez Rodas

Romance de Lunhabella
  de Azucena Ordoñez Rodas
Antología SOMOS II y III certamen
  de Fundación SOMOS/ Cecilia Díaz

PUBLICACIONES
LUNHABELLA

Directora: Azucena Ordoñez Rodas
azucena.perez68@yahoo.com

Miami, Florida 2020

www.ingramcontent.com/pod-product-compliance
Lightning Source LLC
Chambersburg PA
CBHW031333040426
42443CB00005B/326